IMU

GUIDA PRATICA CON ESEMPI DI CALCOLO.

Capitolo 1:
Introduzione all'IMU

Sezione 1: Definizione e Contesto Storico dell'IMU

Origini dell'IMU

L'Imposta Municipale Unica (IMU) è stata introdotta in Italia nel 2012 con l'obiettivo di riformare il sistema fiscale e razionalizzare le imposte patrimoniali. La sua nascita è stata motivata dalla necessità di sostituire la vecchia ICI (Imposta Comunale sugli Immobili) e di garantire una più equa distribuzione del carico fiscale.

Contesto Precedente: La Vecchia ICI

Prima dell'IMU, l'Ici era l'imposta che gravava sui proprietari di immobili e era determinata in base ai valori catastali degli stessi. Tuttavia, la vecchia ICI presentava diverse criticità, tra cui una base imponibile obsoleta, esenzioni non sempre giustificate e differenze significative nella tassazione tra le varie regioni italiane.

Le Ragioni dietro l'Introduzione dell'IMU

L'IMU è stata concepita per affrontare alcune delle lacune della vecchia ICI, offrendo un sistema fiscale più efficiente, equo e in grado di adattarsi meglio alle variazioni del mercato immobiliare. Inoltre, si proponeva di garantire una maggiore autonomia finanziaria agli enti locali, permettendo loro di ottenere risorse proprie attraverso questa imposta.

Evoluzione Storica dell'IMU

Dopo la sua introduzione nel 2012, l'IMU ha subito diverse modifiche nel corso degli anni. Cambiamenti legislativi e aggiustamenti alle aliquote hanno spesso riflettuto le esigenze economiche e sociali del momento, nonché le pressioni politiche.

Le Principali Modifiche nel Tempo

- **Prime Impostazioni**: L'introduzione dell'IMU ha comportato la definizione di aliquote e detrazioni, ma anche la necessità di chiarire le modalità di calcolo e i soggetti passivi.

- **Modifiche Successive**: Nel corso degli anni, ci sono stati interventi legislativi volti a modificare le aliquote, ad introdurre esenzioni per determinate categorie di immobili o a rivedere le modalità di applicazione dell'imposta.

Reazioni e Critiche

Le modifiche all'IMU hanno spesso suscitato reazioni contrastanti da parte di cittadini, associazioni di categoria e enti locali. Le critiche riguardavano spesso l'incertezza delle regole fiscali, la complessità del calcolo dell'imposta e l'impatto sul mercato immobiliare.

Sezione 2: Scopo e Impatto Socio-Economico dell'IMU

Obiettivi dell'IMU

L'IMU è stata progettata con diversi obiettivi che ne guidano l'applicazione e l'impatto sul panorama fiscale e socio-economico italiano:

Equità Fiscale

Uno degli obiettivi principali dell'IMU è garantire una maggiore equità fiscale, assicurando che il carico impositivo sia distribuito in modo più equo tra i cittadini in base alla proprietà immobiliare. Ciò implica una tassazione differenziata in relazione al tipo e all'uso degli immobili.

Finanziamento delle Amministrazioni Locali

L'IMU ha anche lo scopo di fornire risorse finanziarie agli enti locali, consentendo loro di finanziare servizi pubblici e infrastrutture a livello comunale. Ciò mira a favorire lo sviluppo locale e a garantire servizi di qualità ai cittadini.

Effetti sull'Economia

L'IMU può avere un impatto significativo sull'economia, influenzando diversi aspetti:

Mercato Immobiliare

L'IMU può influenzare il mercato immobiliare, determinando decisioni di acquisto, vendita o mantenimento di proprietà. Le aliquote e le regole dell'IMU possono avere effetti sul valore degli immobili e sul comportamento degli investitori.

Comportamento dei Contribuenti

L'impatto dell'IMU sul comportamento dei contribuenti può essere rilevante. La presenza di detrazioni, esenzioni o riduzioni fiscali può influenzare le decisioni riguardanti gli immobili, come ad esempio l'affitto, la ristrutturazione o la destinazione d'uso.

Valutazione Globale dell'IMU

L'IMU, pur avendo obiettivi chiari, ha suscitato diverse opinioni e discussioni riguardo al suo impatto complessivo sul tessuto socio-economico italiano. Alcuni sostengono che abbia raggiunto gli obiettivi di equità fiscale e finanziamento delle amministrazioni locali, mentre altri sollevano critiche riguardo alla sua complessità, alle possibili distorsioni sul mercato immobiliare e alle sue implicazioni sociali ed economiche.

Conclusioni

La comprensione degli obiettivi e degli impatti socio-economici dell'IMU richiede un'analisi approfondita delle dinamiche del mercato immobiliare, delle decisioni fiscali dei contribuenti e delle risposte degli enti locali alle risorse generate da questa imposta. Un'approfondita valutazione dell'IMU richiede un'analisi multidimensionale che consideri sia gli aspetti economici che quelli sociali.

Sezione 3: Struttura Legislativa e Competenze

Normativa di Riferimento

L'IMU è regolata da una serie di normative e leggi che ne definiscono la struttura, le modalità di applicazione e gli aggiornamenti nel tempo:

Leggi Fondamentali

L'IMU trova fondamento in diverse leggi, tra cui la legge istitutiva n. 147/2013, che ha stabilito le basi per la definizione delle aliquote e delle detrazioni, e successive modifiche che ne hanno regolato l'applicazione.

Aggiornamenti e Modifiche

Nel corso degli anni, l'IMU ha subito diversi aggiornamenti e modifiche attraverso decreti legge, leggi di bilancio e provvedimenti normativi. Questi interventi hanno spesso mirato a modificare aliquote, detrazioni e categorie di esenzione per adattare l'imposta alle esigenze socio-economiche del momento.

Ruolo delle Istituzioni

Agenzia delle Entrate

L'Agenzia delle Entrate svolge un ruolo fondamentale nell'applicazione e nella gestione dell'IMU. È responsabile della raccolta delle informazioni necessarie per il calcolo dell'imposta, della definizione delle procedure per la sua corretta applicazione e della comunicazione delle regole fiscali ai contribuenti.

Competenze degli Enti Locali

Gli enti locali, come comuni e province, hanno il compito di determinare le aliquote e le detrazioni in base alla propria autonomia fiscale, seguendo le linee guida definite a livello nazionale. Inoltre, gestiscono la riscossione dell'IMU e decidono sull'allocazione dei proventi sul territorio.

Calcolo e Dichiarazione

I contribuenti devono effettuare il calcolo dell'IMU in base alle informazioni fornite dall'Agenzia delle Entrate e dagli enti locali. La dichiarazione dei dati e il versamento dell'imposta devono avvenire entro le scadenze previste dalla normativa, seguendo le modalità indicate dalle autorità fiscali.

Aggiornamenti e Variazioni

Eventuali variazioni negli immobili, come cambi di destinazione d'uso o modifiche catastali, devono essere prontamente comunicate agli enti competenti per evitare errori nell'applicazione dell'IMU. È importante seguire le procedure specifiche per la segnalazione di tali cambiamenti.

Capitolo 2: Concetti di Base dell'IMU

Sezione 1: Definizione e Elementi Costitutivi dell'IMU

Definizione dell'IMU

L'Imposta Municipale Unica (IMU) rappresenta un'imposta patrimoniale introdotta in Italia per sostituire la vecchia ICI (Imposta Comunale sugli Immobili). Essa incide sui possessori di immobili, sia a uso abitativo che a uso diverso, contribuendo al finanziamento delle amministrazioni locali.

Scopo e Finalità

L'IMU mira a creare un sistema fiscale più equo ed efficiente, introducendo aliquote differenziate per varie categorie di immobili al fine di riflettere meglio il valore e l'uso degli stessi. Inoltre, fornisce risorse finanziarie agli enti locali per sostenere la fornitura di servizi pubblici e lo sviluppo del territorio.

Elementi dell'IMU

Base Imponibile

La base imponibile dell'IMU è costituita dal valore dell'immobile. Tale valore può essere determinato in base ai valori catastali o al valore di mercato dell'immobile stesso. Questa valutazione è essenziale perché su di essa si basa il calcolo dell'imposta.

Aliquote e Detrazioni

Le aliquote dell'IMU variano a seconda del tipo di immobile. Esistono aliquote specifiche per le abitazioni principali, le seconde case e i terreni edificabili o agricoli. Le detrazioni possono essere applicate per determinate situazioni, come nel caso degli immobili locati o affetti da specifiche condizioni.

Modalità di Calcolo

Il calcolo dell'IMU avviene moltiplicando la base imponibile per l'aliquota relativa all'immobile in questione. Esistono formule specifiche per ogni categoria di immobili e possono essere previste agevolazioni o riduzioni in casi particolari, come per gli immobili di pregio o per determinate categorie di persone.

Approfondimenti

Analisi della Base Imponibile

Un approfondimento sulla valutazione della base imponibile può includere considerazioni sulle diverse metodologie di valutazione utilizzate e i possibili impatti sulla determinazione dell'IMU per i contribuenti.

Effetti delle Aliquote Differenziate

Esaminare gli effetti delle aliquote differenziate può coinvolgere l'analisi degli impatti finanziari e sociali delle diverse percentuali di tassazione su varie categorie di proprietà, evidenziando le possibili implicazioni per i proprietari immobiliari.

Sezione 2: Calcolo dell'IMU per Diverse Categorie di Immobili

IMU sulle Abitazioni Principali

Le abitazioni principali godono di condizioni agevolate nell'ambito dell'IMU. Solitamente, queste proprietà sono esenti dall'imposta o beneficiano di aliquote ridotte. È importante considerare i requisiti e le condizioni per qualificare un'abitazione come principale, così come le eventuali detrazioni previste.

Certamente, ecco uno sviluppo sui requisiti che definiscono un'abitazione come principale nell'ambito dell'IMU:

Requisiti per l'Abitazione Principale nell'IMU

Affinché un'abitazione possa essere considerata come residenza principale ai fini dell'IMU, devono essere rispettati determinati requisiti e criteri stabiliti dalla normativa fiscale.

Residenza Effettiva e Continuativa

Il requisito fondamentale per qualificare un'abitazione come residenza principale è che sia effettivamente utilizzata come luogo di dimora abituale da parte del contribuente e della sua famiglia. Questo implica che l'immobile debba essere abitato per la maggior parte dell'anno in modo stabile e continuativo.

Dichiaraizone dell'Intenzione di Residenza

Il contribuente deve dichiarare esplicitamente l'intenzione di considerare quell'immobile come sua residenza principale. Questa dichiarazione può essere presentata attraverso la compilazione di appositi moduli o documenti forniti dalle autorità fiscali.

Collegamento ai Servizi Anagrafici e Fiscali

È necessario che l'immobile sia collegato ai servizi anagrafici e fiscali come residenza principale del contribuente. Ciò può essere verificato tramite l'iscrizione anagrafica all'abitazione o attraverso documenti fiscali che dimostrino l'utilizzo dell'immobile come residenza principale.

Dimora Abituale del Nucleo Familiare

La residenza principale è l'abitazione in cui il nucleo familiare abita in modo continuativo. Questo implica che, per essere considerata tale, deve essere dimora abituale di chi risiede effettivamente nell'immobile, inclusi i familiari e le persone a carico.

Unica Residenza Principale

La normativa stabilisce che un contribuente può avere una sola abitazione considerata residenza principale ai fini dell'IMU. Nel caso in cui il contribuente possieda più immobili, solo uno di questi può essere qualificato come abitazione principale e usufruire delle relative agevolazioni fiscali.

Controllo da Parte delle Autorità Fiscali

Le autorità fiscali possono effettuare verifiche periodiche per accertare l'effettivo rispetto dei requisiti per l'abitazione principale. È fondamentale che il contribuente mantenga l'aderenza ai requisiti e sia in grado di dimostrare l'effettivo utilizzo dell'immobile come residenza principale, se richiesto.

Aliquote Agevolate e Detrazioni

Le aliquote per le abitazioni principali sono generalmente inferiori rispetto ad altri tipi di immobili. Inoltre, esistono detrazioni specifiche che possono ridurre ulteriormente l'importo dell'IMU, contribuendo a un minor onere fiscale per i proprietari.

IMU sulle Seconde Case

Le seconde case, ossia gli immobili diversi dalla residenza principale, sono soggetti a aliquote ordinarie e non usufruiscono delle stesse agevolazioni previste per le abitazioni principali.

Aliquote Ordinarie

Le seconde case sono solitamente tassate con aliquote piene o più elevate rispetto alle abitazioni principali. Questo aspetto influisce sull'onere fiscale per i proprietari di immobili diversi dalla loro residenza principale.

Considerazioni sulle Esenzioni

Esistono specifiche esenzioni per determinati tipi di seconde case, come ad esempio quelle locate a canone concordato o a uso turistico. È importante comprendere queste esenzioni per adempiere correttamente agli obblighi fiscali.

IMU sui Terreni

L'IMU sui terreni è calcolata su basi diverse rispetto agli immobili edificati, come le abitazioni o i fabbricati.

Aliquote Differenziate per Terreni nell'IMU

Le aliquote dell'IMU per i terreni variano in base alla destinazione d'uso e alla tipologia di terreno, presentando differenze rispetto alle aliquote applicate agli immobili edificati.

Terreni Edificabili

I terreni edificabili sono soggetti a aliquote specifiche, solitamente più elevate rispetto a quelle applicate alle abitazioni. Queste aliquote possono variare in base alla zona geografica e al valore potenziale del terreno per la costruzione.

Classificazione Urbanistica

Le aliquote per i terreni edificabili possono essere influenzate dalla classificazione urbanistica del terreno. Ad esempio, terreni ubicati in zone ad alta densità abitativa potrebbero avere aliquote più elevate rispetto a quelli in zone meno densamente popolate.

Terreni Agricoli

I terreni agricoli, destinati all'attività agricola, sono generalmente soggetti a aliquote inferiori rispetto ai terreni edificabili.

Parametri Agricoli

Le aliquote per i terreni agricoli possono dipendere da parametri come la produttività agricola del terreno, le coltivazioni presenti, o le disposizioni normative locali riguardanti la promozione dell'attività agricola.

Aliquote Specifiche e Variazioni Territoriali

Le aliquote differenziate per i terreni possono variare anche in base alle decisioni adottate dagli enti locali. Ogni comune può definire aliquote specifiche, rispettando determinati limiti stabiliti dalla legge nazionale.

Impatto sull'IMU

Le diverse aliquote applicate ai terreni influenzano direttamente l'importo dell'IMU da versare. I proprietari devono tener conto di queste differenze nelle aliquote al momento del calcolo dell'imposta per i loro terreni.

Considerazioni Economiche e Fiscali

Le aliquote differenziate per i terreni possono influenzare le decisioni degli investitori immobiliari e dei proprietari di terreni, poiché determinano l'onere fiscale legato alla detenzione di tali proprietà.

Revisione Periodica delle Aliquote

Le aliquote per i terreni sono soggette a revisioni periodiche da parte degli enti locali o di autorità fiscali competenti. Queste revisioni possono essere effettuate per adeguare le aliquote alla situazione economica e territoriale in evoluzione.

Valutazione della Base Imponibile per i Terreni

La valutazione della base imponibile per i terreni può basarsi su criteri diversi rispetto agli immobili edificati, e spesso coinvolge valutazioni catastali o perizie specifiche per determinarne il valore.

Approfondimenti

Impatto delle Diverse Tassazioni

Un approfondimento sull'IMU per diverse categorie di immobili potrebbe includere analisi degli impatti finanziari e delle decisioni degli acquirenti sul mercato immobiliare, evidenziando le tendenze e le considerazioni economiche.

modalità di Calcolo dell'IMU

Il calcolo dell'IMU si basa sulla determinazione di tre elementi principali: la base imponibile, le aliquote e le detrazioni.

Base Imponibile

La base imponibile rappresenta il valore dell'immobile su cui viene calcolata l'imposta. Questo valore può essere stabilito utilizzando i valori catastali dell'Agenzia del Territorio oppure, in alternativa, il valore di mercato dell'immobile dichiarato dal contribuente, purché rispetti determinate condizioni e sia supportato da perizie o documentazione valida.

Aliquote

Le aliquote dell'IMU variano a seconda della tipologia di immobile. Esistono aliquote specifiche per le abitazioni principali, le seconde case e i terreni. Di solito, le aliquote per le abitazioni principali sono inferiori rispetto alle seconde case e ai terreni edificabili o agricoli.

Calcolo dell'Imposta

Il calcolo dell'IMU avviene moltiplicando la base imponibile per l'aliquota relativa all'immobile. La formula di calcolo può essere espressa come:

$$IMU = \text{Base Imponibile} \times \text{Aliquota} \quad IMU = \text{Base Imponibile} \times \text{Aliquota}$$

È importante ricordare che per determinate tipologie di immobili, come le abitazioni principali, possono essere previste detrazioni o esenzioni che influenzano direttamente l'importo finale dell'IMU da pagare.

Detrazioni e Riduzioni

Le detrazioni e le riduzioni rappresentano importanti strumenti previsti dalla normativa fiscale per ridurre l'importo dell'IMU dovuto da parte dei contribuenti, in base a determinate situazioni specifiche.

Detrazioni per Familiari a Carico

Le detrazioni per i familiari a carico sono previste nel calcolo dell'IMU. Di solito, si applicano detrazioni per figli minori o per altri familiari che risiedono abitualmente nell'abitazione principale. Queste detrazioni riducono l'importo dell'IMU dovuto.

Detrazioni per Persone con Disabilità

Nel caso in cui nell'immobile sia presente una persona con disabilità, è prevista un'ulteriore detrazione che mira a ridurre l'onere fiscale per il contribuente proprietario.

Detrazioni per Lavori di Ristrutturazione o Miglioramento

Alcune spese sostenute per lavori di ristrutturazione, restauro o miglioramento dell'immobile possono essere detratte dall'IMU. Queste detrazioni incoraggiano gli interventi di miglioramento degli immobili.

Detrazioni per Ipoteca sulla Prima Casa

Nel caso in cui sull'abitazione principale sia iscritta un'ipoteca, è possibile che sia prevista una detrazione dall'IMU per compensare parzialmente l'onere derivante da questo vincolo.

Riduzioni per Particolari Categorie di Immobili o Proprietari

In alcuni casi, per specifiche categorie di proprietari o per determinati tipi di immobili, possono essere previste riduzioni o esenzioni dall'IMU. Queste riduzioni si applicano solitamente a situazioni come immobili rurali, immobili di pregio o immobili concessi in affitto a canone concordato.

Conoscenza Approfondita delle Detrazioni e Riduzioni

È essenziale per i contribuenti comprendere appieno le detrazioni e le riduzioni a cui possono avere diritto, in modo da poter usufruire appieno delle agevolazioni fiscali previste. Queste detrazioni non solo riducono l'onere fiscale, ma possono anche incentivare determinati comportamenti, come interventi di miglioramento degli immobili.

Adempimenti e Verifica delle Condizioni

Per poter beneficiare delle detrazioni e riduzioni, i contribuenti devono rispettare specifiche condizioni e adempiere correttamente agli obblighi dichiarativi richiesti dalla normativa fiscale. È importante verificare la documentazione necessaria e seguire le procedure stabilite per la corretta applicazione delle detrazioni.

Aggiornamenti e Scadenze

L'IMU deve essere calcolata e pagata in base alle scadenze stabilite dalla normativa vigente. È importante essere al corrente delle possibili variazioni normative e degli aggiornamenti annuali relativi alle aliquote e alle detrazioni, in modo da effettuare il calcolo dell'IMU in conformità con la legge.

Procedure di Dichiarazione e Pagamento

I contribuenti devono presentare una dichiarazione IMU che riporti le informazioni necessarie per il calcolo dell'imposta. Questa dichiarazione deve essere presentata entro le scadenze previste. Il pagamento dell'IMU può avvenire in un'unica soluzione o in rate, seguendo le modalità e i termini stabiliti dall'Agenzia delle Entrate.

Differenze Rispetto ad Altre Imposte

L'IMU si distingue da altre imposte patrimoniali per diverse caratteristiche peculiari:

Differenze con l'ICI

A differenza della vecchia ICI, l'IMU ha introdotto una maggiore progressività, adottando aliquote differenziate per categorie diverse di immobili e considerando il valore di mercato anziché solo i valori catastali.

Variazioni Rispetto all'IRPEF e all'IRAP

L'IMU si differenzia dall'IRPEF (Imposta sul Reddito delle Persone Fisiche) e dall'IRAP (Imposta Regionale sulle Attività Produttive) per il suo focus specifico sugli immobili, senza tenere conto dei redditi generati o delle attività produttive.

Certamente, ecco uno sviluppo possibile per la Sezione 3 del Capitolo sull'IMU:

Sezione 3: Considerazioni Avanzate e Casi Particolari

IMU per Immobili Affittati o in Comodato

Aliquote e Trattamento Fiscale

Gli immobili dati in affitto o in comodato d'uso sono soggetti a specifiche regole fiscali nell'ambito dell'IMU. Le aliquote applicate a questi immobili possono variare in base al tipo di locazione e possono influenzare l'onere fiscale del proprietario.

Regole e Detrazioni

Per i proprietari di immobili affittati, sono previste detrazioni specifiche o agevolazioni fiscali in base alle spese sostenute per il mantenimento o il miglioramento degli immobili locati.

IMU per Immobili in Costruzione o in Ristrutturazione

Applicazione dell'IMU in Fase di Lavori

Gli immobili in fase di costruzione o di ristrutturazione possono essere soggetti all'IMU, anche se non ancora completati. Le regole per il calcolo dell'imposta su questi immobili possono variare in base allo stato dei lavori.

Esenzioni o Riduzioni Temporanee

In alcuni casi, possono essere previste esenzioni temporanee o riduzioni dell'IMU per gli immobili in fase di costruzione o di ristrutturazione per un periodo limitato.

Impatti Fiscali e Procedure Specifiche

Effetti sulle Tempistiche di Pagamento

Le tempistiche di pagamento dell'IMU per immobili in fase di lavori possono differire rispetto agli immobili completati, a seconda delle regole fiscali e delle disposizioni specifiche.

Documentazione e Comunicazioni alle Autorità Fiscali

I proprietari di immobili in fase di costruzione o ristrutturazione devono seguire procedure specifiche per comunicare e documentare lo stato dei lavori alle autorità fiscali, al fine di garantire la corretta applicazione dell'IMU.

Considerazioni Economiche e Consigli Pratici

Analisi dei Costi e dei Benefici

Per i proprietari di immobili in fase di lavori, è essenziale valutare attentamente i costi aggiuntivi derivanti dall'IMU e i benefici futuri potenziali, considerando gli impatti fiscali sul lungo termine.

Sezione 4: Aspetti Amministrativi e Compilazione della Dichiarazione IMU

Comprensione dei Moduli e dei Documenti Richiesti

Modelli Fiscali IMU

È essenziale comprendere i modelli fiscali specifici forniti dall'Agenzia delle Entrate per la dichiarazione dell'IMU. Questi modelli contengono le istruzioni e i campi necessari per la corretta compilazione della dichiarazione.

Informazioni da Includere nella Dichiarazione

Dettagli sull'Immobile

La dichiarazione IMU richiede informazioni dettagliate sull'immobile, come la sua ubicazione, la destinazione d'uso, la categoria catastale e il suo valore.

Dati Personali e Familiari

È necessario inserire i dati anagrafici del proprietario e dei componenti del nucleo familiare che risiedono nell'immobile, se rilevanti per l'assegnazione delle detrazioni.

Procedure e Scadenze

Tempistiche di Presentazione

È fondamentale rispettare le scadenze stabilite per la presentazione della dichiarazione IMU. La mancata presentazione o il ritardo possono comportare sanzioni e interessi da pagare oltre all'imposta dovuta.

Modalità di Pagamento

Le modalità di pagamento dell'IMU possono variare, consentendo il versamento in un'unica soluzione o in più rate. È importante seguire attentamente le istruzioni relative al pagamento per evitare problemi di adempimento.

Accertamenti e Verifiche Fiscali

Controlli e Verifiche dell'Agenzia delle Entrate

L'Agenzia delle Entrate può effettuare controlli e verifiche sulle dichiarazioni presentate. È essenziale conservare la documentazione comprovante i dati inseriti nella dichiarazione, in caso di richiesta di verifica.

Ricorsi e Contenziosi

In caso di disaccordo con le decisioni dell'Agenzia delle Entrate riguardo all'IMU, è possibile presentare ricorsi o avviare procedure di contenzioso. Tuttavia, è consigliabile cercare assistenza legale specializzata in materia fiscale per tali casi.

Capitolo 3: Soggetti Passivi e Esenzioni nell'IMU

Ruolo dei Proprietari e dei Diritti Reali nell'IMU

Proprietari degli Immobili Responsabilità Fiscale

I proprietari degli immobili sono i soggetti principali responsabili del pagamento dell'IMU. Questo include coloro che detengono la piena proprietà dell'immobile e sono registrati come tali presso gli enti fiscali competenti.

Oneri e Dichiarazioni

Hanno l'onere di dichiarare correttamente le informazioni relative all'immobile, come la sua destinazione d'uso, la tipologia e il valore catastale, in conformità con le disposizioni fiscali vigenti.

Diritti Reali e loro Impatto Fiscale

Usufruttuari, Superficiari e Altri Diritti Reali

I soggetti che detengono diritti reali come usufruttuari, superficiari o altri titolari di diritti legati all'uso dell'immobile possono avere obblighi fiscali o diritti inerenti all'IMU.

Responsabilità Fiscale con Diritti Reali

A seconda della natura e della durata del diritto reale, i soggetti che ne sono titolari possono essere responsabili del pagamento dell'IMU, in tutto o in parte, in base alle disposizioni contrattuali o alla normativa fiscale vigente.

Distinzione tra Proprietari e Diritti Reali

Differenze di Ruolo e Obblighi Fiscali

È fondamentale distinguere tra il proprietario dell'immobile, colui che detiene il diritto di proprietà, e coloro che hanno diritti reali su tale proprietà. Questa distinzione è significativa per determinare l'obbligo fiscale e i diritti legati all'IMU.

Adempimenti Dichiarativi e Fiscali

Compilazione della Dichiarazione IMU

Nel caso in cui più soggetti abbiano diritti reali sull'immobile, è essenziale coordinare la corretta compilazione della dichiarazione IMU, specificando chiaramente le proprie responsabilità fiscali in conformità con la normativa.

Trasmissione delle Informazioni Fiscali

I diritti reali possono influenzare l'obbligo fiscale complessivo sull'immobile. È cruciale che i detentori di questi diritti trasmettano correttamente le informazioni rilevanti per garantire la corretta applicazione dell'IMU.

Distinzione tra Soggetto Passivo e Soggetto Imponibile nell'IMU

Soggetto Passivo dell'IMU

Ruolo del Soggetto Passivo

Il soggetto passivo dell'IMU è colui che assume la responsabilità del pagamento dell'imposta. È il soggetto giuridico o fisico che deve effettuare il versamento dell'IMU per l'immobile considerato.

Responsabilità Fiscale

Il soggetto passivo è tenuto a adempiere agli obblighi fiscali previsti dalla normativa in vigore, come la presentazione della dichiarazione IMU e il pagamento dell'imposta entro le scadenze stabilite.

Soggetto Imponibile nell'IMU

Ruolo del Soggetto Imponibile

Il soggetto imponibile, invece, è l'oggetto su cui si applica l'imposta. Nell'ambito dell'IMU, il soggetto imponibile è l'immobile stesso che risulta soggetto alla tassazione.

Definizione di Soggetto Imponibile

L'immobile, quale soggetto imponibile, è la proprietà fisica soggetta al pagamento dell'IMU. La sua categoria catastale, la destinazione d'uso e il suo valore determinano l'importo dell'imposta dovuta.

Importanza della Distinzione

Differenze nei Ruoli e Negli Obblighi Fiscali

La distinzione tra soggetto passivo e soggetto imponibile è cruciale poiché il soggetto passivo è responsabile del pagamento dell'IMU, mentre il soggetto imponibile è l'oggetto su cui viene calcolata l'imposta stessa

Esenzioni dall'IMU

Categorie di Esenzione nell'IMU

Esenzioni per Immobili di Interesse Storico e Artistico

Beni Culturali e Monumenti Storici

Gli immobili di interesse storico o artistico possono essere esentati dall'IMU se sono riconosciuti come beni culturali o monumenti storici. Queste esenzioni mirano a preservare e proteggere il patrimonio culturale e artistico.

Esenzioni per Finalità Sociali

Enti Non Commerciali e Finalità Sociali

Alcune categorie di enti non commerciali, come associazioni culturali, enti religiosi e istituti di beneficenza, possono godere di esenzioni dall'IMU per gli immobili utilizzati per scopi sociali, educativi o assistenziali.

Esenzioni per Immobili ad Uso Pubblico

Immobili Destinati a Uso Pubblico

Gli immobili adibiti a servizi pubblici, come scuole, ospedali, biblioteche o edifici governativi, possono essere esentati dall'IMU in quanto utilizzati per soddisfare bisogni pubblici e di interesse collettivo.

Riduzioni e Agevolazioni per Abitazioni Principali

Esenzioni e Riduzioni per l'Abitazione Principale

Le abitazioni principali possono beneficiare di riduzioni o esenzioni parziali dall'IMU, purché siano effettivamente utilizzate come residenza principale e rispettino determinati requisiti definiti dalla normativa.

Esenzioni per Terreni Agricoli e Rurali

Terreni Agricoli e Attività Rurali

I terreni agricoli e quelli destinati a attività rurali possono godere di esenzioni parziali o riduzioni dell'IMU, promuovendo così l'attività agricola e lo sviluppo delle aree rurali.

Esenzioni per Immobili Strumentali per l'Attività Aziendale

Immobili Strumentali all'Attività Aziendale

Gli immobili adibiti all'esercizio di un'attività aziendale possono beneficiare di esenzioni o riduzioni, a condizione che siano utilizzati esclusivamente per tale attività.

Esenzioni Legate a Specifiche Situazioni Giuridiche o Fiscali

Esenzioni Specifiche per Determinate Condizioni

Alcune situazioni giuridiche o fiscali particolari, come immobili soggetti a esproprio, immobili in costruzione o oggetti di specifici regimi fiscali, possono godere di esenzioni temporanee o riduzioni dell'IMU.

Procedure di Verifica delle Esenzioni nell'IMU

Verifica della Conformità alle Condizioni di Esenzione

Analisi delle Dichiarazioni Presentate

Le autorità fiscali, come l'Agenzia delle Entrate, esaminano attentamente le dichiarazioni presentate per garantire la conformità alle condizioni richieste per beneficiare delle esenzioni fiscali previste.

Ispezioni e Controlli Fiscali

Ispezioni e Verifiche Dirette

Le autorità competenti possono effettuare ispezioni dirette sugli immobili oggetto di esenzione per verificare l'effettivo rispetto delle condizioni richieste per l'esenzione dall'IMU.

Richiesta di Documentazione Comprovante

Richiesta di Prove e Documenti

È possibile che venga richiesta la presentazione di documentazione comprovante l'utilizzo degli immobili ai fini previsti dall'esenzione. Questa documentazione può includere certificati, contratti o altri documenti giustificativi.

Notifiche e Comunicazioni Ufficiali

Comunicazioni di Irregolarità o Adempimenti Necessari

In caso di irregolarità riscontrate o di necessità di adempimenti aggiuntivi, le autorità fiscali possono inviare comunicazioni ufficiali ai contribuenti, richiedendo chiarimenti o azioni correttive.

Ricorsi e Procedure di Contenzioso

Diritto di Ricorso e Difesa

Nel caso in cui vi siano disaccordi riguardo alla decisione dell'Agenzia delle Entrate in merito alle esenzioni, i contribuenti hanno il diritto di ricorrere e avviare procedure di contenzioso per far valere i propri diritti.

Monitoraggio Periodico delle Esenzioni

Controllo Periodico delle Esenzioni

Le autorità fiscali possono condurre controlli periodici per verificare il mantenimento delle condizioni che giustificano l'esenzione, garantendo che gli immobili continuino ad essere utilizzati secondo le disposizioni previste.

Collaborazione tra Diverse Autorità

Cooperazione tra Enti Competenti

Le autorità fiscali possono collaborare con altri enti competenti, come l'ufficio catasto o altre istituzioni pubbliche, per ottenere informazioni o verificare la conformità delle esenzioni.

Capitolo 4 Contenziosi e Ricorsi nell'ambito dell'IMU

Contestazioni e Differenze Interpretative

Motivazioni dei Contenziosi

I contenziosi relativi all'IMU possono
sorgere a causa di interpretazioni divergenti
tra i contribuenti e le autorità fiscali
riguardo alle condizioni di esenzione, alle
aliquote applicate o alle detrazioni previste.

Procedure di Ricorso e Difesa

Diritto di Ricorso dei Contribuenti

I contribuenti hanno il diritto di presentare
ricorsi in caso di disaccordo con le decisioni
o le determinazioni delle autorità fiscali
sull'applicazione dell'IMU. Questi ricorsi
possono essere avviati presso gli uffici
competenti o attraverso vie giudiziarie.

Documentazione e Prove a Sostegno del Ricorso

Presentazione di Prove e Documentazione

Nel contesto di un ricorso, è essenziale fornire documentazione dettagliata e prove che supportino la posizione del contribuente, dimostrando il rispetto delle condizioni per l'esenzione o la corretta applicazione delle aliquote e detrazioni.

Dichiarazione e Pagamento dell'IMU

Scadenze per la Presentazione della Dichiarazione

I contribuenti devono rispettare le scadenze stabilite per la presentazione della dichiarazione IMU. Queste scadenze possono variare a seconda delle disposizioni fiscali e delle eventuali proroghe concesse dalle autorità competenti.

Calendario delle Scadenze Fiscali

Consultazione dei Calendari Fiscali

Le autorità fiscali pubblicano i calendari con le scadenze per la presentazione della dichiarazione IMU e per il pagamento dell'imposta. È importante fare riferimento a tali calendari per rispettare i termini previsti.

Modalità e Canali di Presentazione della Dichiarazione

Procedure e Modalità di Presentazione

I contribuenti devono presentare la dichiarazione IMU secondo le modalità indicate dalle autorità fiscali competenti, utilizzando eventuali servizi online o canali specifici previsti per tale scopo.

Versamento dell'IMU e Scadenze di Pagamento

Termini per il Versamento dell'IMU

Oltre alla presentazione della dichiarazione, è fondamentale rispettare le scadenze di pagamento dell'IMU. Le date di scadenza per il versamento variano in base alla normativa vigente e ai criteri stabiliti dalle autorità fiscali.

Sanzioni e Interessi in Caso di Mancato Adempimento

Conseguenze del Mancato Adempimento

Il mancato rispetto delle scadenze per la presentazione della dichiarazione o per il pagamento dell'IMU può comportare l'applicazione di sanzioni e interessi da parte delle autorità fiscali.

Procedura in Caso di Ritardo o Errori

Rettifica o Regolarizzazione di Errori

In caso di ritardi nella presentazione o di errori nella dichiarazione, è possibile procedere alla regolarizzazione o alla correzione dei dati dichiarati, seguendo le modalità previste dalla normativa fiscale.

Richieste di Proroga o Dilazione dei Pagamenti

Possibilità di Richiedere Proroghe o Dilazioni

In situazioni eccezionali, i contribuenti possono richiedere proroghe o dilazioni dei termini di presentazione o pagamento dell'IMU, presentando apposite istanze alle autorità competenti.

Valutazione e Decisione delle Autorità Competenti

Esame del Ricorso e Determinazione

Le autorità competenti esaminano il ricorso presentato, valutando le argomentazioni e le prove fornite dal contribuente, per giungere a una determinazione sul caso specifico.

Possibilità di Conciliazione e Accordi Transattivi

Ricerca di Soluzioni Alternative

In alcuni casi, è possibile intraprendere vie di conciliazione o accordi transattivi tra il contribuente e le autorità fiscali per risolvere le controversie senza ricorrere a procedure giudiziarie.

Esito del Ricorso e Ulteriori Passi da Intraprendere

Accettazione o Appello

A seguito dell'esame del ricorso, se non vi è accordo sulle decisioni prese, il contribuente può decidere di accettare la determinazione o di intraprendere ulteriori passi, come ad esempio l'eventuale presentazione di un appello.

Conclusioni e possibili sviluppi futuri:

Riforme Fiscali e Regolamentari

Ridiscussione delle Aliquote e delle Esenzioni

Potrebbe esserci una revisione delle aliquote e delle esenzioni IMU per adattarsi ai cambiamenti economici e sociali, garantendo equità e sostenibilità nel tempo.

Incentivi per Abitazioni Sostenibili

Agevolazioni per Edifici Ecocompatibili

Potrebbero essere introdotti incentivi fiscali per gli edifici che adottano soluzioni sostenibili, come l'efficienza energetica o l'utilizzo di tecnologie verdi, per promuovere la sostenibilità ambientale.

Digitalizzazione e Semplificazione delle Procedure

Processi di Dichiarazione e Pagamento Più Agili

Si potrebbe investire nella digitalizzazione dei processi per semplificare la dichiarazione e il pagamento dell'IMU, rendendo più accessibili e user-friendly le procedure per i contribuenti.

Equità Fiscale e Redistribuzione delle Risorse

Focus su Equità e Ridistribuzione delle Ricchezze

Potrebbero essere introdotte politiche per garantire un'imposta più equa, distribuendo meglio il carico fiscale e ridistribuendo le risorse per ridurre le disuguaglianze sociali ed economiche.

Adattamento alle Nuove Realta' Economiche

Modifiche in Risposta alle Nuove Dinamiche Economiche

L'IMU potrebbe subire adattamenti per riflettere le nuove dinamiche del mercato immobiliare, considerando l'evoluzione delle città, l'incremento del mercato delle locazioni e le nuove tipologie di abitazioni.

Valutazione Costante delle Esigenze Fiscali

Monitoraggio e Adattamenti Continui

Sarà importante monitorare costantemente le esigenze fiscali e sociali per adattare l'IMU alle mutevoli condizioni economiche e garantire che continui a svolgere un ruolo efficace e giusto nel contesto fiscale complessivo.

Casi Pratici di Aliquote e Calcolo dell'IMU

Caso 1: Abitazione Principale

Categoria Catastale: A/2 (Abitazione principale)
Valore Catastale: 150.000 euro
Aliquota IMU: 0,4%

Calcolo dell'IMU:
IMU = Valore Catastale x Aliquota IMU = 150.000 euro x 0,4% = 600 euro

Caso 2: Seconda Casa

Categoria Catastale: A/3 (Seconda casa)
Valore Catastale: 200.000 euro
Aliquota IMU: 0,7%

Calcolo dell'IMU:
IMU = Valore Catastale x Aliquota IMU =
200.000 euro x 0,7% = 1.400 euro

Caso 3: Terreno Edificabile

**Categoria Catastale: C/2 (Terreno
edificabile)**
Valore Catastale: 80.000 euro
Aliquota IMU: 0,5%

Calcolo dell'IMU:
IMU = Valore Catastale x Aliquota IMU =
80.000 euro x 0,5% = 400 euro

Caso 4: Terreno Agricolo

**Categoria Catastale: C/3 (Terreno
agricolo)**
Valore Catastale: 120.000 euro
Aliquota IMU: 0,3%

Calcolo dell'IMU:
IMU = Valore Catastale x Aliquota IMU =
120.000 euro x 0,3% = 360 euro

Caso 5: Uso Pubblico (Ente Non Profit)

Categoria Catastale: D/10 (Immobile ad uso pubblico)
Valore Catastale: 300.000 euro
Aliquota IMU: Esenzione totale

Nel caso di esenzione totale, l'IMU non è dovuta e l'importo sarà pari a zero.

Al fine di effettuare in autonomia il calcolo dell'imu segnaliamo il seguente sito

https://www.riscotel.it/calcoloimu/

ecco un esempio pratico di utilizzo del sito:

DATI PER L' ESEMPIO

– **comune: Roma**

– **proprietario: unico (quota possesso 100%)**

– **tipologia fabbricato: abitazione principale**

– **rendita catastale: 1.000 euro**

– **aliquota imu: 4 per mille**

– **periodo/mesi di possesso: 12**

– **detrazione per prima casa: 200 euro**

– **pertinenze: nessuna**

Bene partiamo subito con la guida!

Apriamo il nostro browser preferito e digitiamo l'
indirizzo: www.riscotel.it. Apparirà la homepage del
sito, che risulta tra l' altro molto gradevole, almeno
a mio giudizio.

Vedete sulla sinistra (vedi freccia rossa) il piccolo
banner con la scritta: calcolo IMU. Facciamo clik
sul banner e si aprirà la successiva schermata, dove
dovremmo inserire tutti i vari dati necessari per i
calcolo dell' imu. La schermata si presenterà nel
seguente modo:

schermata principale del software calcolo imu

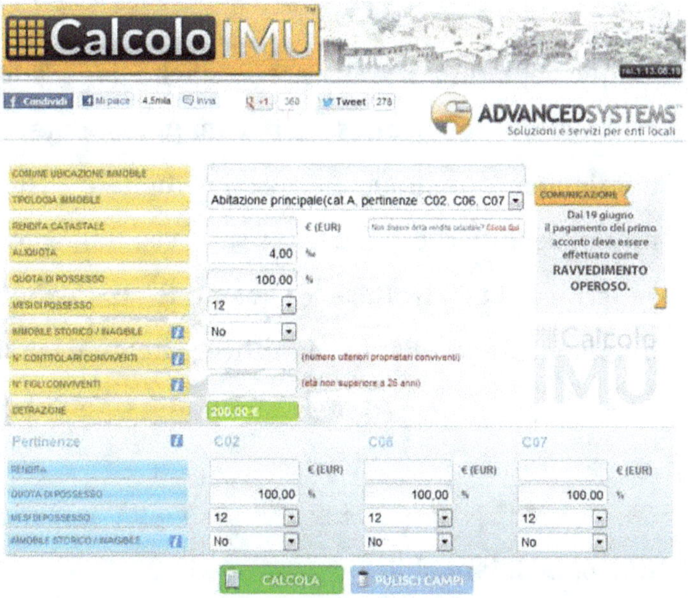

Come vedete il softwre per il calcolo dell' imu ci richiede diversi dati, i quali ovviamente non sono tutti obbligatori. Vediamo di analizzare ed inserire i dati che ci servono, partendo dal primo.

DATI NECESSARI DA INSERIRE PER IL CALCOLO IMU:

comune

Il primo dato che il software ci chiede è ovviamente il comune. All' interno del campo dunque inseriremo il nostro comune. Quindi digitiamo Roma.

A questo punto il software è anche in grado di riconoscere se trattasi di comune montano o parzialmente montano. Come ho digitato "Roma" infatti il software mi ha avvisato con una postilla superiore che trattasi di comune parzialmente montano. Continuiamo con l' inserimento degli altri campi

tipologia di immobile

Il secondo campo da riempire riguarda la tipologia dell' immobile. Attraverso il menù a tendina dovremmo informare il software se trattasi di abitazione principale, area edificabile ecc. Il menù a tendina propone diverse tipologie di immobili. Noi selezioniamo quella di nostro interesse. Nel caso specifico abbiamo detto che si tratta di abitazione principale. Selezonate pertanto la voce desiderata come vi mostra l' immagine sottostante.

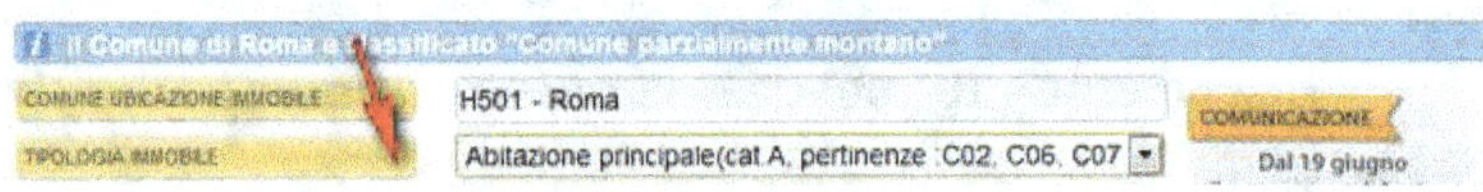

rendita catastale

Il terzo campo riguarda l' inserimento della rendita catastale. Inseriamo facendo riferimento al nostro esempio la cifra di euro 1.000, come mostra l' immagine sotto.

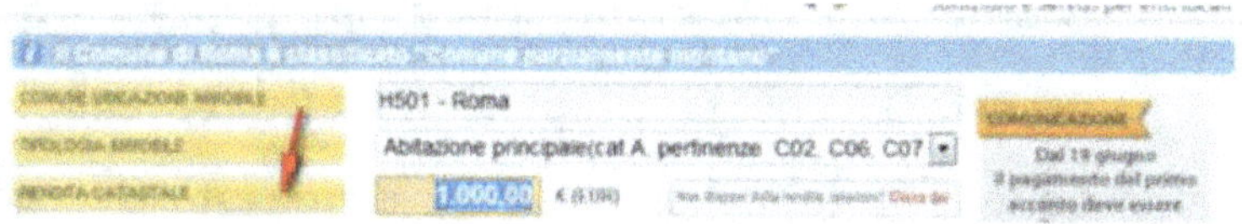

aliquota imu

Il quarto campo da inserire sarà quello che riguarda l' aliquota imu prevista dal comune. Supponiamo l' aliquota del 4 per mille. Quindi inseriamola come da esempio sottostante.

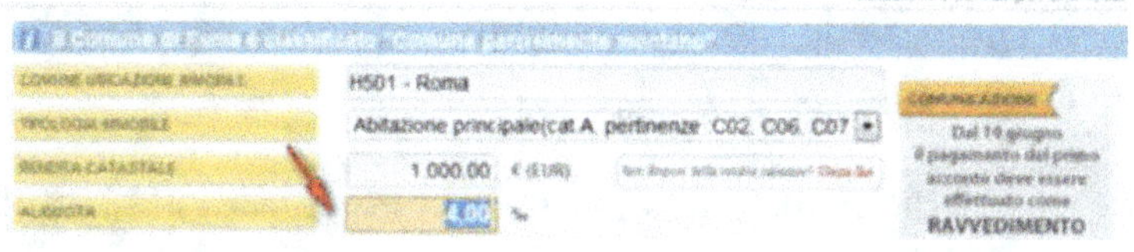

quota di possesso

Ora dobbiamo inserire la quota di possesso. In questo esempio abbiamo ipotizzato un unico proprietario, per cui la quota di possesso sarà del 100%. Nel caso di più proprietari e quindi più quote di possesso dovrete inserire la vostra quota di possesso del' immobile.

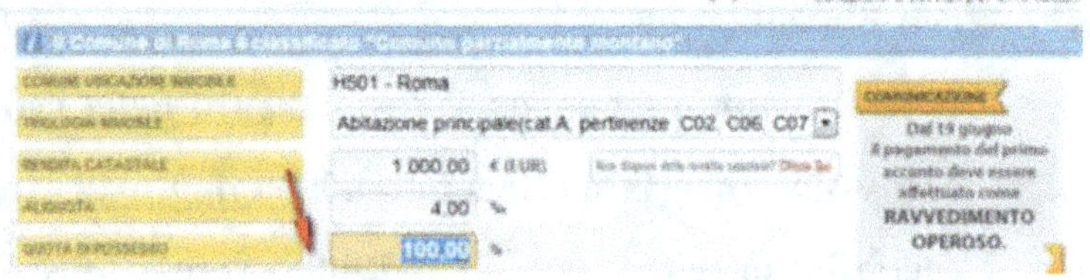

periodo/mesi di possesso

Questo dato va diciamo modificato rispetto a quello di default che ci propone il software che è 12, quando il fabbricato è stato acquistato o venduto durante l' anno d' imposta. Vedremmo comunque questo esempio in separata sede. Ricordatevi comunque che l' imu si paga per mesi per cui se avete acquistato ad esempio il vostro immobile ad aprile magari il giorno 20 i primi 4 mesi dell' anno non vengono conteggiati (saranno a carico del precedente proprietario).

Affinché un mese venga conteggiato per intero l' utilizzo o meglio il periodo di possesso deve superare i 15 giorni. Nel nostro esempio diciamo che il possesso è oltre l' anno quindi inseriamo 12.

relativamente al nostro esempio non abbiamo bisogno di inserire altri dati, in quanto abbiamo detto che non vi sono figli, non vi sono pertinenze, non ci sono contitolari ecc. Siamo pronti per lanciare il calcolo facendo clik sul pulsante "calcola"

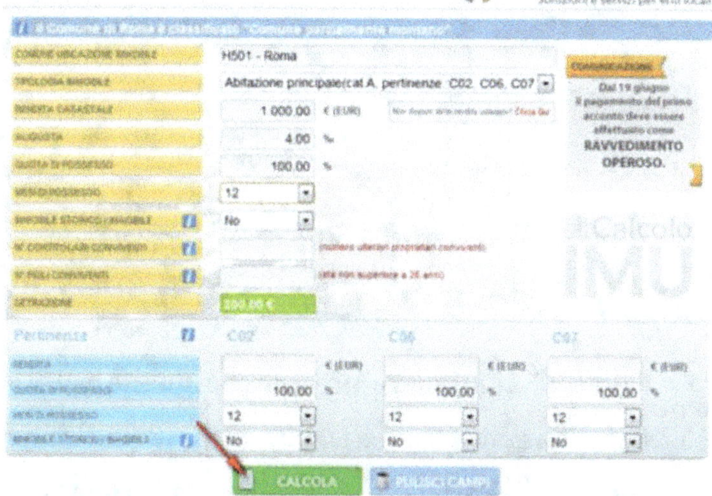

Facendo clik sul pulsante "calcola" il software calcola l' imposta dovuta. Si aprirà la seguente schermata.

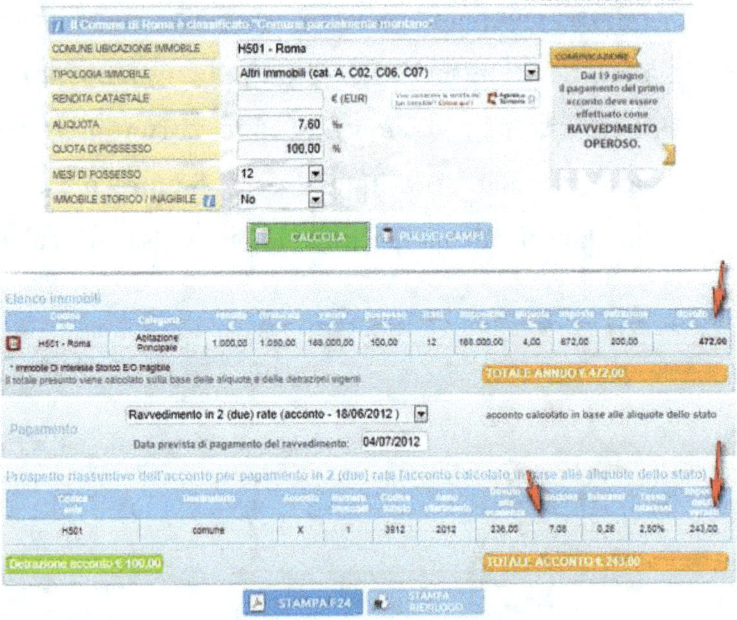

Prima di continuare preciso che questo software è stato testato in data 04/07/2012, quindi oltre la normale scadenza prevista per la prima rata di acconto che era il 18/06/2012. Il software pertanto in automatico vi fa il calcolo col ravvedimento e quindi vi fa vedere anche gli importi relativi alle sanzioni.

Per maggiori informazioni sul ravvedimento e quindi capire come vengono effettuati i vari conteggi vedete la pagina le sanzioni e ravvedimento operoso.

Per default il software vi imposta la data al giorno che eseguite i calcoli. E' possibile tuttavia impostare date diverse.

Questo non desterebbe particolari preoccupazioni se non siamo in periodo di ravvedimento, ma nel nostro caso tenete presente che i calcoli cambiano ogni giorno che il ritardo aumenta in quanto gli interessi aumentano ogni giorno.

Più che altro è un fattore di precisione in quanto gli interessi di mora equivalgono a poche decine di centesimi di euro. Nel nostro caso 0,26 euro.

Una volta che avete fatto il calcolo e che avrete fatto i vostri controlli è anche possibile stampare subito il modello F24.

E' sufficiente fare clik sul pulsante STAMPA F24. Si aprirà la seguente schermata che dovrete riempire con i vostri dati come da esempio sottostante. Potrete scegliere in ultimo tra il modello F24 ordinario e quello semplificato. Io ho scelto quello ordinario.

inseriamo i dati per l' f24

Una volta che avrete inserito i vostri dati fate clik sul tasto conferma di colore verde. Il software vi chiedere di aprire o salvare il modello F24 già compilato in tutte le sue parti!

APPUNTI:

collana manuali e guide pratiche.
Casa editrice MV